BEI GRIN MACHT SICH IHR WISSEN BEZAHLT

- Wir veröffentlichen Ihre Hausarbeit, Bachelor- und Masterarbeit

- Ihr eigenes eBook und Buch - weltweit in allen wichtigen Shops

- Verdienen Sie an jedem Verkauf

Jetzt bei www.GRIN.com hochladen und kostenlos publizieren

Bibliografische Information der Deutschen Nationalbibliothek:

Die Deutsche Bibliothek verzeichnet diese Publikation in der Deutschen National-
bibliografie; detaillierte bibliografische Daten sind im Internet über http://dnb.d-
nb.de/ abrufbar.

Impressum:

Copyright © 2011 GRIN Verlag, Open Publishing GmbH
Druck und Bindung: Books on Demand GmbH, Norderstedt Germany
ISBN: 9783656915249

Dieses Buch bei GRIN:

http://www.grin.com/de/e-book/293656/unterrichtsbesuch-im-bereich-raufen-ringen-
und-kaempfen

Andreas Bonß

Unterrichtsbesuch im Bereich Raufen, Ringen und Kämpfen

GRIN Verlag

GRIN - Your knowledge has value

Der GRIN Verlag publiziert seit 1998 wissenschaftliche Arbeiten von Studenten, Hochschullehrern und anderen Akademikern als eBook und gedrucktes Buch. Die Verlagswebsite www.grin.com ist die ideale Plattform zur Veröffentlichung von Hausarbeiten, Abschlussarbeiten, wissenschaftlichen Aufsätzen, Dissertationen und Fachbüchern.

Besuchen Sie uns im Internet:

http://www.grin.com/

http://www.facebook.com/grincom

http://www.twitter.com/grin_com

STUDIENSEMINAR BONN

SEMINAR FÜR DAS LEHRAMT

AN GYMNASIEN UND GESAMTSCHULEN

Schriftliche Planung

für den fünften Unterrichtsbesuch

im Fach Sport

Referendar:	Andreas Bonß

Schule:	Klasse:	Q1
Fach:	Sport	
Datum:		
Uhrzeit:		
Raum:	Turnhalle 1	

Thema des Unterrichtsvorhabens:

„Gemeinsam Wettkämpfen und sich verständigen." - Erprobung und Reflexion von Zweikampfsituationen unter besonderer Berücksichtigung des verantwortungsvollen Umgangs miteinander.

Thema der Unterrichtsstunde (5. Std. in der Reihe):

„Wie komme ich hier bloß heraus?" – Eigenständige Erarbeitung, Präsentation und Reflexion von Befreiungsmöglichkeiten aus dem Haltegriff Kesa Gatame beim Judo.

Thema der vorhergehenden Stunde:

„Hier kommst du nicht mehr heraus!" - Die Einführung des Haltegriffs „Kesa Gatame" mit Hilfe einer Checkliste zur korrekten technischen Bewegungsausführung.

Thema der nächsten Stunde:

„Auf in den fairen Kampf!" - Die Erprobung des Kesa Gatame und der erarbeiteten Befreiungstechniken in verschiedenen Übungskampfsituationen unter Berücksichtigung aller erlernten Sicherheitsregeln.

1

1. Stundenziele

<u>Zentrales Stundenziel:</u>

Die SuS gelangen zu einem begründeten Urteil bezogen auf die Effektivität von Befreiungsmöglichkeiten aus dem Haltegriff „Kesa Gatame", indem sie während eines Stationslernens unterschiedliche Möglichkeiten der Befreiung selbstständig erarbeiten, erproben und reflektieren.

Teillernziele

Die SuS...

a) **Motorische Lernziele:**

> ➢ erweitern ihre Bewegungserfahrungen, indem sie Befreiungsmöglichkeiten aus dem Kesa Gatame selbstständig erproben.

> ➢ lernen ihre Kraft bewusst und dosiert einzusetzen, indem sie während des Kampfes mit dem Partner interagieren.

> ➢ vertiefen ihre judospezifischen Fähigkeiten, bezogen auf den Einsatz von Kraft und Schnelligkeit beim Bodenkampf.

b) **Kognitive Lernziele:**

> ➢ vertiefen die Grundprinzipien der Haltegriffe beim Judo, indem sie erneut wichtige Merkmale des Kesa Gatame benennen.

> ➢ erlangen Grundkenntnisse über die Befreiungstechniken aus dem Haltegriff „Kesa Gatame"

> ➢ vertiefen Grundlagen des fairen Kämpfens, indem kampfsportspezifische Regeln erneut reaktiviert werden.

c) **Sozial-affektive Lernziele:**

> ➢ festigen ihr gegenseitiges Vertrauen, indem sie zusammenarbeiten und verantwortungsbewusst miteinander umgehen.

> ➢ festigen ihre Sozialkompetenz, indem sie in der Gruppe Absprachen treffen und die Gefühlslage des Partners berücksichtigen.

2. Didaktisch-methodischer Kommentar

2.1. Didaktisch-methodischer Kommentar zum Unterrichtsvorhaben

Bezogen auf den Doppelauftrag des Sportunterrichts (Entwicklungsförderung durch Bewegung, Spiel und Sport, sowie die Erschließung der Bewegungs-, Spiel- und Sportkultur) ist der Bereich Zweikampfsport ein ausgesprochen sinnvoller Unterrichtsgegenstand. Eine Erschließung der

2

Bewegungs- und Sportkultur offenbart sich insbesondere im Bereich der selbstständigen, kooperativen und eigenverantwortlichen Durchdringung einer, auf Fairness und Respekt beruhenden Zweikampfkultur. Der Zweikampfsport bietet aber auch (hinsichtlich der Entwicklungsförderung) die Möglichkeit, koordinative Fähigkeiten und Fertigkeiten auszubilden (Lange & Sinning, 2008).

Das von mir geplante Unterrichtsvorhaben „Gemeinsam Wettkämpfen und sich verständigen - Erprobung und Reflexion von Zweikampfsituationen unter besonderer Berücksichtigung des verantwortungsvollen Umgangs miteinander." ist Teil des Inhaltsbereichs „Ringen und Kämpfen – Zweikampfsport" und für die Sekundarstufe 2 ein obligatorischer Unterrichtsgegenstand. Das Unterrichtsvorhaben umfasst insgesamt 5 Doppelstunden (großes UV) und dient als Weiterführung der Kraft- und Geschicklichkeitserprobung in kultivierten Zweikampfsituationen der Sekundarstufe 1 (vgl. Richtlinien und Lehrpläne Sport, S. 18). Das Unterrichtsvorhaben ist sehr eng an die pädagogische Perspektive E (Kooperieren, Wettkämpfen und sich verständigen) gekoppelt, wobei die pädagogische Perspektive A (Wahrnehmungsfähigkeit verbessern, Bewegungserfahrungen erweitern) für die meisten SuS in diesem Inhaltsbereich ebenfalls handlungsleitend sein kann (LSB, Sportjugend, 2008).

Zu Beginn des Unterrichtsvorhabens standen die Anbahnung von Körperkontakt und die Vermittlung von Regeln des fairen Kämpfens im Vordergrund. Durch Spiel- und Übungsformen mit indirektem Körperkontakt sollten Berührungsängste langsam abgebaut werden. Bevor die SuS jedoch den direkten Körperkontakt in differenzierten Kampfsituationen erprobten, wurden verbindliche Regeln festgelegt, die im Laufe der gesamten Unterrichtsreihe ständig wieder aufgegriffen und erweitert wurden. Der Stopp-Regel wurde besondere Bedeutung beigemessen. Gekämpft wurde während des gesamten Unterrichtsvorhabens ausschließlich am Boden, was eine Fallschule redundant machte. Verschiedene Formen des Bodenrandories, Kämpfe um Gegenstände sowie Zug- und Schiebekämpfe bildeten den inhaltlichen Schwerpunkt der durchgeführten Kampfsituationen. Neben den kämpferischen Inhalten sollen aber auch technische Grundfertigkeiten aus dem Judo vermittelt werden. Ziel war die oberstufengemäße Vermittlung von judospezifischen Haltegriffen und Befreiungen.

Das Ringen und Kämpfen ist auf der sozial-affektiven Ebene für die SuS von besonderer Bedeutung. Das Spüren von Emotionen der Partner/innen fördert die Empathie in hohem Maße. Durch die ständigen Zweikämpfe werden Berührungsängste abgebaut und die Akzeptanz des eigenen Körpers gefördert (Vgl. Ringen und Kämpfen – Zweikampfsport, S. 11)

Das Unterrichtsvorhaben wird von mir in der Jahrgangsstufe Q1 meines angeleiteten Unterrichts durchgeführt. Der Kurs hat sich zu Beginn des Schuljahres im August 2012 neu formiert. Obwohl sich viele der SuS bereits aus der Einführungsphase kennen, war mir eine behutsame Anbahnung von Körperkontakt, im Sinne der Neuformierung, besonders wichtig.

Der Kurs besteht insgesamt aus 20 Schülerinnen und einem Schüler. Der männliche Teilnehmer ist gut in die Gruppe integriert, so dass es keinerlei Berührungsängste mit den weiblichen Teilnehmern gibt. Trotz der Tatsache, dass keiner der Kursteilnehmer Vorerfahrungen im Kampfsport vorweisen kann,

3

ist die Leistungsheterogenität der Gruppe enorm hoch. Zu Beginn der Unterrichtsreihe erfolgte daher eine innere Differenzierung. Da eine Einteilung in Gewichtsklassen als Differenzierungskriterium ausschied, wurde die Gruppe der Körpergröße bzw. der Armlänge nach in Dreiergruppen eingeteilt. Die Einteilung in Dreiergruppen erfolgte zum einen, damit wechselnde Kampfpaarungen entstehen konnten, zum anderen aus der Notwenigkeit eines benötigten Schiedsrichters bzw. Zeitnehmers in Zweikampfsituationen.

2.2. Didaktisch-methodischer Kommentar zur Unterrichtsstunde

Das Thema der Unterrichtsstunde *„Wie komme ich hier bloß heraus? – Eigenständige Erarbeitung, Präsentation und Reflexion von Befreiungsmöglichkeiten aus dem Haltegriff Kesa Gatame beim Judo."* knüpft an das gesamte, von mir geplante Unterrichtvorhaben an. In der dem Unterrichtsbesuch vorangegangenen Stunde erarbeiteten die SuS Möglichkeiten der dauerhaften Fixierung des Gegners auf deren Rücken (eine der beiden Schultern des Gehaltenen muss auf dem Boden sein). Der Haltegriff „Kesa Gatame" wurde von den SuS als wirkungsvolle Maßnahme der dauerhaften Fixierung des Gegners erkannt und erprobt. Mit Hilfe einer technischen Checkliste wurden Fehler beim Anwenden des Haltegriffs selbstständig erkannt und korrigiert (Anhang d).

Der Schwerpunkt der heutigen Unterrichtsstunde bezieht sich auf die selbstständige Erarbeitung von Befreiungen aus dem Haltegriff Kesa Gatame. Aus ökonomischen Gründen erfolgt der Aufbau der Geräte (Matteninseln) bereits im Vorfeld der Stunde. Nach der judospezifischen Begrüßung schließt sich ein *Aufwärmspiel* an. In der ersten *kognitiven Phase* geht es zunächst um die Wiederholung von wesentlichen Aspekten der Bewegungsausführung des „Kesa Gatame". In der anschließenden *ersten Erarbeitungsphase* sollen alle SuS den Haltegriff erneut technisch korrekt ansetzen und sich die vorher genannten technischen Aspekte bewusst machen. Die fehlerfreie Anwendung des Haltegriffs ist dringende Voraussetzung für eine effektive Erarbeitung von Befreiungstechniken und kann somit auch als alternativer Stundenschwerpunkt aufgefasst werden.

Die SuS arbeiten während der gesamten Unterrichtsstunde in Dreiergruppen, welche bereits in der letzten Unterrichtsstunde eingeteilt wurden.

Nachdem die SuS mit dem zentralen Stundenthema konfrontiert werden, beginnt die *zweite Erarbeitungsphase (Stationslernen)*. Damit die SuS strukturiert und eigenverantwortlich verschiedene Befreiungen aus dem Haltegriff erproben und reflektieren, ist das Stationslernen eine sinnvolle Unterrichtsmethode. An den drei Stationen ist jeweils der Einsatz bestimmter Körperteile (die unteren Extremitäten, die oberen Extremitäten oder der Rücken (Rollbewegungen) als Mittel zur Befreiung erforderlich. Das ermöglicht den SuS, strukturiert und kleinschrittig an der Erprobung einer effektiven Befreiungstechnik zu arbeiten. Die einzelnen Stationen befinden sich im Anhang unter dem Unterpunkt b).

In der Präsentationsphase bekommen einzelne Gruppen die Möglichkeit, ihre Ergebnisse vorzustellen. Dabei werden die Befreiungen auf einer „Präsentationsmatte" (beispielsweise die Befreiung mit Hilfe der unteren Extremitäten in Form der Beinschere) zunächst präsentiert und anschließend reflektiert. Vor- und Nachteile der Technik werden an einer mobilen Tafel schriftlich festgehalten. Das so entstehende Tafelbild dient der Sicherung und kann in der folgenden Unterrichtsstunde erneut aufgegriffen bzw. weiter vertieft werden. Als didaktische Reserve können die präsentierten Befreiungen im Gruppenverband erprobt und erneut reflektiert werden.

3. Literaturangaben

Bächle, Frank & Heckele, Steffen (2010): *999 Spiel- und Übungsformen im Ringen, Raufen und Kämpfen,* Hofmann Verlag Schorndorf

LandesSportBund, Sportjugend NRW, NW Judo-Verband e.V. & Ringerverband NRW e. V. (2008): *Ringen und Kämpfen; Zweikampfsport,* Aachen: Meyer & Meyer Verlag

Lange, H. & Sinning, S. (2009): *Kämpfen, Ringen und Raufen im Sportunterricht.* Wiebelsheim: Limpert

Miethling, W. (1996): „Aggressionen im Sportunterricht". In: *Sportpädagogik,* Heft 20/4. Seelze: Friedrichverlag

Richtlinien und Lehrpläne Sport (Ministerium für Schule, Forschung des Landes NRW)

Sicherheitsförderung im Schulsport (Ministerium für Schule, Jugend und Kinder des Landes NRW)

4. Anhang

a) Verlaufsplan

b) Aufgabenstellung

c) Aufgaben für inaktive SuS

d) Checkliste: Kesa Gatame richtig ausgeführt?

a) Verlaufsplan

Stundenthema: „Wie komme ich hier bloß heraus?" – Eigenständige Erarbeitung, Präsentation und Reflexion von Befreiungsmöglichkeiten aus dem Haltegriff Kesa Gatame beim Judo.

Zentrales Stundenziel: Die SuS gelangen sie zu einem begründeten Urteil bezogen auf die Effektivität von Befreiungsmöglichkeiten aus dem Haltegriff „Kesa Gatame", indem sie während eines Stationslernens die verschiedenen Möglichkeiten der Befreiung selbstständig erarbeiten, erproben und reflektieren.

Phase	Inhalt/ Handlungsfolge	Sozial- bzw. Arbeitsform / methodisch-didaktischer Kommentar	Medium/ Material
Begrüßung	Begrüßung & Sicherheitsaspekte	Lehrervortrag, Plenum	
Aufwärmphase	Aufwärmspiel „Bandklau"	Erwärmung der Muskulatur, Anregen des H.-K.-systems	Parteibänder
Kognitive Phase 1 (Wieder-holung)	a) Vorbereitung auf das Stundenthema b) Wiederholung der Sicherheitsaspekte c) Wiederholung des Haltegriffs „Kesa Gatame"	Lehrervortrag, UG	-Plakat: Sicherheitsaspekte
Erarbeitung 1	Wiederholung: Der Kesa Gatame	In den Dreiergruppen wird zunächst sicher gestellt, dass alle SuS in der Lage sind, den Haltegriff Kesa Gatame richtig anzuwenden.	Matten
Kognitive Phase 2	a) Benennung des Arbeitsauftrags b) Klärung von eventuellen Fragen	LV, Plenum	
Erarbeitungs-phase 2	Drei Stationen mit Arbeitsaufträgen (Erklärung s. Anhang) 1. Die unteren Extremitäten 2. Die oberen Extremitäten 3. Der Rücken (Rollbewegungen)	Die Halle wird in drei Zonen (äquivalent zu den drei Stationen) eingeteilt. Jede Zone besteht aus zwei Kampfbereichen, so dass zwei Dreiergruppen parallel in einer Zone kämpfen können. Die SuS wechseln die Station alle 4 min.	Arbeitsaufträge
Präsentation & Abschluss-reflexion	a) Gruppenweise werden mögliche Befreiungen aus dem Haltegriff präsentiert und reflektiert. b) Erfahrungen und Probleme werden im Plenum ausgetauscht.	Plenum	Tafel, Stifte

	c) Gemeinsame Sicherung der Ergebnisse an der Tafel		
Ausblick & didakt. Reserve	Erprobung der antizipierten Befreiungen	GA	Matten

b) Arbeitsaufträge

Station 1: Die Arme

Welche Möglichkeiten der Befreiung aus dem Kesa Gatame ergeben sich, wenn ihr versucht, euch mit Hilfe **der Arme** zu befreien?

Achtung:

Kampfregel der internationalen Judo Föderation:
Eine Hand, einen Arm, einen Fuß oder ein Bein direkt auf das Gesicht des Gegners zu legen ist verboten.

(Wechselt bei euren Befreiungsversuchen den Partner innerhalb eurer Gruppe, so dass jede/r gegen jeden gekämpft hat. Der „Inaktive" in der Gruppe fungiert erneut als Zeitnehmer und Schiedsrichter.)

Station 2: Die Beine

Welche Möglichkeiten der Befreiung aus dem Kesa Gatame ergeben sich, wenn ihr versucht, euch mit Hilfe **der Beine** zu befreien?

Achtung:

Kampfregel der internationalen Judo Föderation:
Mit dem Knie oder Fuß gegen die Hand, den Rücken oder den Arm des Gegners zu treten, damit er seinen Griff freigibt, oder gegen des Gegners Bein oder Fußgelenk zu treten, ohne eine Technik anzuwenden ist verboten.

(Wechselt bei euren Befreiungsversuchen den Partner innerhalb eurer Gruppe, so dass jede/r gegen jeden gekämpft hat. Der „Inaktive" in der Gruppe fungiert erneut als Zeitnehmer und Schiedsrichter.)

Station 2: Der Rücken (Rollbewegungen)

Welche Möglichkeiten der Befreiung aus dem Kesa Gatame ergeben sich, wenn ihr versucht, euch mit Hilfe **von Rollbewegungen** zu befreien? Wie können diese Rollbewegungen besonders effektiv gestaltet werden?

(Wechselt bei euren Befreiungsversuchen den Partner innerhalb eurer Gruppe, so dass jede/r gegen jeden gekämpft hat. Der „Inaktive" in der Gruppe fungiert erneut als Zeitnehmer und Schiedsrichter.)

c) Aufgaben für inaktive SuS

Beobachtungsaufgabe für „inaktive" Schülerinnen und Schüler

1.) Beobachte die anderen Kursteilnehmer genau! Ist der Kesa Gatame richtig angesetzt? Benutze auch die Checkliste und gebe ggf. Bewegungskorrekturen.

2.) Liegt Tori wirklich auf der Brust von Uke und verteilt er sein Gewicht optimal auf dem Gegner? (Der Körperschwerpunkt von Tori ist entscheidend für die Befreiungsmöglichkeiten von Uke. Beobachte daher, welche Fehler bei der Gewichtsverlagerung von Tori zu besseren Befreiungsmöglichkeiten von Uke führen können!)

d)

KESA GATAME: CHECKLISTE

→ Tori positioniert sich **rechts** von Uke.
→ Das rechte Bein wird weit nach **vorne gestreckt.**
→ Das linke Bein wird etwas angewinkelt **mit der Fußsohle auf der Matte aufgestellt.**
→ Mit dem rechten Arm Ukes Kopf umfassen **(nicht am Hals klammern).**
→ **Mit dem linken Arm Ukes Arm einklemmen (keinen Bewegungsspielraum zulassen!).**
→ **Tiefer Körperschwerpunkt (Gegner nach unten drücken)!!**